BIBLIOTHÈQUE DRAMATIQUE.
Théâtre moderne.

SÉBASTOPOL

OU

LA REVANCHE DE MOSCOU,

TABLEAU MILITAIRE ET PATRIOTIQUE EN DEUX ACTES

SUIVIS D'UNE APOTHÉOSE,

PAR

MM. MAURICE BOUQUET ET ÉDOUARD JALOUX.

PRIX : 60 CENTIMES.

PARIS:
MICHEL LÉVY FRÈRES, RUE VIVIENNE, 2 BIS.
MARSEILLE.
LAFFITTE & BOEBAUD, ALLÉES DE MEILHAN, 18.
DUTERTRE, PLACE ROYALE, 3.

1855.

AUX SOUVERAINS

DES ARMÉES ALLIÉES.

MESSIEURS LAFEUILLADE ET TRONCHET,

DIRECTEURS DES THÉATRES DE MARSEILLE.

C'est sous votre inspiration que cette pièce a été improvisée, c'est sous votre intelligente activité qu'elle a pris un corps et s'est animée. Décors, Costumes, luxe de mise en scène, vous avez tout prodigué, pour donner le plus grand lustre à nos épisodes de la guerre d'Orient, et les rendre aussi dignes que possible des hauts faits de nos valeureuses armées alliées.

Pour la première fois on aura vu un semblable tour de force accompli au Théâtre, celui d'un ouvrage dramatique écrit, étudié, monté et joué dans l'espace de quatre jours. Les sentiments nationaux peuvent seuls enfanter de semblables prodiges; et grâce à eux, Marseille aura été la première ville du monde à saluer et à applaudir sur son Théâtre les exploits de nos braves soldats.

A vous donc, Messieurs, la plus grande part et le premier honneur de l'accueil tout patriotique fait à notre bien faible ouvrage par un public chaleureux et aussi enthousiaste des pieuses pensées que des nobles actions.

Marseille, le 18 Septembre 1855.

Maurice BOUQUET   Edouard JALOUX.

SÉBASTOPOL

ou

LA REVANCHE DE MOSCOU,

TABLEAU MILITAIRE ET PATRIOTIQUE EN DEUX ACTES

SUIVIS D'UNE APOTHÉOSE,

PAR

MM. MAURICE BOUQUET ET ÉDOUARD JALOUX.

Mise en scène de M. Girel.

Musique de M. Chaudoin, Décors nouveaux de M. Ponçon.

Représenté sur le Grand-Théâtre de Marseille,
le 17 septembre 1855.

———

DIRECTION LAFEUILLADE ET TRONCHET.

———

PARIS

MICHEL LEVY FRÈRES, RUE VIVIENNE, 2 BIS.

MARSEILLE

LAFITTE & ROUBAUD, ALLÉES DE MEILHAN, 18.
DUTERTRE, PLACE ROYALE, 3.

———

1855.

DISTRIBUTION DE LA PIÈCE.

BRULARD, vieux sergent, grand 1er rôle, MM. V. GENIN.
MARCEL, jeune soldat,   jeune 1er rôle,   D'HERBLAY.
LE GÉNÉRAL FRANÇAIS, père noble,   JOURDAIN.
NULSIFROTE, caporal,   1er comique,   ARTHUR.
BERLINGOT, conscrit,   jeune comique,   DÉSIRÉ.
BEAUPOIL, soldat,   2e comique,   MIRECOURT.
UN OFFICIER FRANÇAIS, jeune 1er chantant, SICARD.
LE GÉNÉRAL ANGLAIS.
LE GÉNÉRAL PIÉMONTAIS.
LE GÉNÉRAL TURC.
MADELEINE, jeune cantinière, Dejazet, Mmes FROMENT.
L'IMMORTALITÉ, grand 1er rôle,   MARTELLEUR.
L'HISTOIRE, jeune 1er rôle,   TALINI.

Officiers et Soldats Français, Anglais, Écossais, Piémontais, Turcs, Zouaves, Marins, Russes et Cosaques, Sœurs de Charité, Vivandières, Musique militaire.

La scène se passe sous les murs de Sébastopol.

NOTA. Toutes les indications sont prises de la salle.

S'adresser, pour la Musique, à M. Chaudoin, chef d'orchestre du Gymnase, et pour les brochures, à M. Girel, administrateur des Théâtres de Marseille.

Les Auteurs se réservent le droit de représentation, de reproduction et de traduction à l'étranger.

Marseille.— Typ. et Lith. de J. Barile, rue Paradis, 15.

SÉBASTOPOL.

ACTE PREMIER.

PRISE DE LA TOUR MALAKOFF.

Le théâtre représente un bivouac dans les tranchées autour de Malakoff. A gauche la Tour. A droite la ville de Sébastopol. Au fond la mer avec les escadres alliées

SCÈNE PREMIÈRE.

MARCEL, BERLINGOT, BEAUPOIL, NULSIFROTE,
Officiers, Soldats, Marins.

(Marcel rêve à gauche, Beaupoil et Nulsifrote jouent aux cartes à droite, Berlingot les regarde. Au fond à gauche, un groupe de Zouaves boit et fume; ils ont des chats sur leurs sacs.)

BERLINGOT.

Ainsi donc, M. Nulsifrote, vous disiez que les Russoises, c'est gentil!

NULSIFROTE.

En v'là-t-il un de satané conscrit avec ses Russoises?

BERLINGOT.

Mais ce beau sexe-là, ça ne doit pas aimer le français?

NULSIFROTE.

Pas aimer le français! je voudrais bien voir ça!

BERLINGOT.

Puis il faut entrer en Russie! et le moyen?

NULSIFROTE.

Le moyen! va chercher une bouteille, jeune homme, et je te le ferai connaître, le moyen!

BERLINGOT.

Volontiers, caporal! caporal, volontiers!
(Il sort par la gauche.)

BEAUPOIL.

Mais c'est un trésor que ce garçon ! ça paie.

NULSIFROTE.

Chut ! c'est un fils de famille ! son père était charcutier ! et le fils de famille au régiment, c'est un bidon donné par la nature !

BERLINGOT (*arrivant chargé de bouteilles et suivi de plusieurs marins et militaires.*)

Arrivez, les amis... le caporal Nulsifrote va nous faire voir comment on entre en Russie... Je paie à boire pour ça... Arrivez.

CHOEUR.

AIR : *De M. Chaudoin.*

Amis, puisqu'il paie à boire,
Suivons le conscrit soudain,
Car le vin avec la gloire
Sont le bonheur du marin.

BEAUPOIL.

Bon ! il va griser tout le bivouac.

BERLINGOT.

Et maintenant, caporal, voyons le moyen...

NULSIFROTE.

Donne cette bouteille et ce verre. (*Les posant sur le tambour.*) C'est bien. Maintenant voilà ! Silence, attention et indulgence ! les paroles et la musique sont de votr'serviteur.

AIR : *Bonsoir, mon ami Vincent.*

Que Sébastopol, mon cher,
Soit pour toi cette bouteille !
Là, tout autour est la mer.

BERLINGOT.

Bon ! je comprends, à merveille.

NULSIFROTE.

Notr' général qu'est vaillant
Nous a dit : Soldats, faut entrer dedans ;
Quoique le Russe nous surveille,
Soldats, en avant
Tout le tremblement !
Allons ! au pas de charge entrez-moi là-dedans ! (*bis*)

(*Parlé.*) Sur ce, amiral et général se grattent l'oreille... après quoi, l'un dit : le moyen, le voici !

SCÈNE II.

(*Chanté.*) Par un bon coup de canon
Au vieux portier qui sommeille,
Vit' ! demandons le cordon !

(*Parlé.*) Poun !

Bon ! le voilà qui s'éveille !

(*Parlé.*) Poun !

On répond mal ! Saint Nicolas !
Tant pis, mon cher, y aura du tabac,
Tu n'auras pas vu sa pareille !...

(*Parlé.*) Canonniers, à vos pièces ! la mèche allumée ! feu ! brrran ! pan ! pan ! pan ! et patratrac ! v'l à leurs murailles qui se détraquent comme de la croûte de pâté ! Brrran ! pan ! pan ! pan ! ça croule de toutes parts ! pan ! pan ! pan ! ça chauffe ferme ! (*D'un coup de sabre il fait sauter le goulot de la bouteille.*) Pouf ! la brèche est ouverte ! En avant ! le sang coule ! (*Il remplit les verres.*) L'ennemi fuit... Victoire ! Buvons ! (*Il boit.*) Buvons ! le soldat se grise ! la beauté se rend, et...

Et plan, ran plan, plan,
Tire lire en plan.
Tous les Grandschikoffs sont fourrés dedans. (*bis*).

TOUS (*applaudissant.*)

Bravo ! bravo !

(*Brulard s'avance par la droite, suivi de Madeleine.*)

NULSIFROTE.

Silence et respect ! Voici le vieux Brulard, le mangeur de Cosaques, avec notre belle cantinière !

MARCEL (*se levant*)

Elle ! Madeleine ! ah ! dans la veille ou dans le sommeil, je la verrai donc toujours !

SCÈNE II.

LES MÊMES, BRULARD, MADELEINE.

BRULARD.

Salut aux camarades ! (*A Nulsifrote.*) Touche-là, mon vieux ! (*ils se serrent la main.*)

BERLINGOT (*admirant Madeleine.*)

Dieu ! M. Beaupoil ! qu'elle est chouett' notre cantinière ! quelle est chouett' !

BEAUPOIL.

Tais ton bec, conscrit; ça ne te regarde pas.

BRULARD *(s'asseyant.)*

Allons! voyons! asseyons-nous! verse la goutte, Madeleine, à tous ces braves... et gratis... c'était l'usage ainsi de notre temps, la veille de la bataille.

MADELEINE *(disposant son baril.)*

A l'instant! avancez, Messieurs!

BRULARD.

Messieurs! si tu disais : Camarades! Excusez-la, mes amis, c'est une cantinière en herbe.

(*Tous s'avancent à tour de rôle, et Madeleine leur verse à boire par le robinet de son baril.*)

NULSIFROTE.

Mille millions de tonnerres! c'est bien ce que tu fais là, sergent! ça nous rappelle le bon vieux temps, et ça fait plaisir.

MARCEL (*à voix basse, à Madeleine qui vient de lui verser à boire.*)

Merci, Madeleine. (*Haut.*) Maintenant, amis, que nos verres sont pleins, buvons, nous autres jeunes soldats, aux vieux braves, nos pères... à la vieille garde!

TOUS *(levant leurs verres.)*

A la vieille garde!

AIR : *De la Robe et les Bottes.*

> A ces soldats, à ces géants de gloire,
> Qu'ont illustrés des milliers de combats,
> Et qui marchant de victoire en victoire,
> Firent trembler le monde sous leurs pas ;
> A ces héros, que tout un siècle honore,
> Et qui font voir à la postérité,
> Que sous les plis du drapeau tricolore
> Est le chemin de l'immortalité! (*bis.*)

(*Reprise en chœur des deux derniers vers.*)

BRULARD (*ému et serrant toutes les mains qui s'offrent spontanément à lui.*)

Merci, merci, mes amis. Maintenant à moi de vous répondre... et pour ça... pour ça, je bois à l'armée présente.... à nos jeunes soldats.

SCENE II.

AIR : *De la Robe et les Bottes.*

Jeunes soldats, juste orgueil de la France,
Je vous ai vus, en vaillants guerriers,
De l'Africain punissant l'insolence,
Par votre sang acheter vos lauriers.
Toute l'Europe aujourd'hui vous regarde,
Et pleins d'espoir dans leur postérité,
Vos fiers aïeux vous disent : Jeune garde,
Sébastopol, c'est l'immortalité ! (*bis.*)

(*Reprise en chœur des deux derniers vers.*)

BERLINGOT (*s'avançant timidement comme un chanteur de romance.*)
Troisième couplet.

TOUS.
Ah ! ah ! ah ! le conscrit qui va chanter.

BERLINGOT.
Eh bien ! oui, je vais chanter... tous ces vieux là m'enflamment... que diable ! moi aussi je suis du bois dont on fait les z'héros...

NULSIFROTE
Bien dit, conscrit...

BERLINGOT.

AIR : *Renaud de Montauban.*

Je ne suis plus le conscrit Berlingot,
Respectez-moi, car sinon je me fâche.
Oui, sacrebleu ! mille noms d'un shako !
La poudr' chez moi fait pousser la moustache,
Première fois que je joue à ce jeu,
Premières ball's et crânement logées !
Que voulez-vous ? je pay'rai les dragées
De mon baptême, un baptême de feu ! (*bis.*)

BRULARD.
Bravo, conscrit ! à la santé du conscrit ! (*ils boivent.*)

BERLINGOT (*s'animant tout en causant avec Beaupoil.*)
Et moi, je vous dis, M. Beaupoil, que vous voulez me faire prendre des vessies pour des lanternes. Que diable ! c'est pas possible que cette belle cantinière soit la femme du vieux !

NULSIFROTE.
Hein ! qu'est-ce que jabotte le conscrit !

BERLINGOT.
C'est comme quoi on dirait : l'hiver et le printemps.

NULSIFROTE.
Silence, conscrit, tu barbottes.

BERLINGOT.
Oh ! je me tais, caporal ; caporal, je me tais.

BRULARD.
Non pas ? il a raison, le petit. C'est bien çà : Madeleine, c'est le printemps, et moi, je suis l'hiver. Que diable aussi! Madeleine l'a voulu. Tenez, je le conçois, moi ! C'est ridicule de voir ainsi un vieux barbon tout blanc, à moitié démoli par le temps et les batailles, le mari d'une enfant toute fraîche et toute rose... à laquelle il faudrait plutôt un jeune gars.

BERLINGOT.
Comme moi, sergent. Ah : si ce petit chou avait un lapin dans mon genre!

NULSIFROTE.
Silence, conscrit, tu barbottes.

MADELEINE (*serrant la main de Brulard.*)
Jérôme...

BRULARD.
Eh bien ! oui, tu l'as voulu, Madeleine ; tu t'es dévouée tout entière au vieux soldat...... tout ce que ton cœur contenait d'affection, tu l'as reportée sur lui...

BEAUPOIL (*à part.*)
Hum ! la cantinière rougit et tremble...

BRULARD.
Mais tôt ou tard ton cœur battra d'amour. Bientôt aussi, mon enfant, le mangeur de Cosaques, comme ils m'appellent, ne mangera plus rien... la mort aura fermé ses vieilles paupières... et fasse le ciel que ce soit...

AIR : *T'en souviens-tu?*

Par un beau jour, sur un champ de bataille,
Dans la fumée, aux éclats du canon,
Et que frappé, lorsque pleut la mitraille,
Le vieux Brulard tombe avec son renom !
Mourir ainsi ! voilà ce que j'envie!
Fut-il jamais un plus glorieux sort!
Car le soldat qui meurt pour la patrie,
Est immortel en recevant la mort.   (*bis.*)

SCÈNE II.

Alors, Madeleine, tu donneras une larme au vieux soldat qui fut pour toi plutôt un père qu'un époux... Et sois heureuse, mon enfant!

MADELEINE.

Quelles tristes idées, Jérôme!

BRULARD.

Eh! mon Dieu! c'est tout naturel. Il faut faire de la place aux jeunes; sinon il n'y aurait plus d'avancement possible... Ce n'est pas que mon grade... enfin suffit... Si je ne suis pas général, c'est la faute à mes parents qui ne m'ont pas envoyé à l'école... Je sais à peine compter sur mes dix doigts, mais devant l'ennemi je n'ai jamais reculé d'un pas. Je n'ai que des galons de laine, et j'en suis fier; car je les ai bien gagnés. Quant à cela... c'est le grand homme qui l'a placé là... (*il montre sa croix*.)

AIR; *T'en souviens-tu?*

Si cette croix brille sur ma poitrine,
C'est que j'ai su, soldats, la mériter...
Que devant moi jamais on n'en badine!
Car je suis fier, corbleu! de la porter.
Au feu jadis on brûlait sa moustache,
Pour conquérir ce gage de l'honneur...
Non, non, jamais la poitrine d'un lâche
N'a pu porter la croix de l'Empereur. (*bis*.)

NULSIFROTE.

Bien dit, sergent.

BRULARD.

Eh bien! ces galons... cette croix... mes cheveux blancs... mon honneur... je t'ai confié tout cela, Madeleine... et toi, tu les as gardés fidèlement... je le dis ici bien haut devant tous... tu les as gardés comme le soldat garde son drapeau... (*Lui pressant la main*) Merci, Madeleine, merci mille fois.

BERLINGOT.

C'est égal! la cantinière est trop chouett' pour ce vieux-là.

NULSIFROTE.

Qu'est-ce qu'il jabotte encore le conscrit? Fais attention le vieux Brulard s'appelle le mangeur de Cosaques... et il pourrait bien ne faire qu'une bouchée de toi.

BERLINGOT.

Oh! caporal, je suis pas un Cosaque, moi! je suis Français, né natif de Pontoise, patrie des veaux, et ayant nom Fuscien Berlingot.

BEAUPOIL.

Ah çà! sergent Brulard, d'où vous vient donc ce petit nom de mangeur de Cosaques?

BRULARD.

Hum! c'est une vieille et terrible histoire que celle de ce sobriquet.

BEAUPOIL.

Contez-nous ça, sergent…

BERLINGOT.

D'autant plus que moi je raffole des histoires… surtout de celles qui parlent mariage… C'est que j'étais né pour le mariage, moi!… Ah! j'ai eu de bien grands malheurs, sergent!

NULSIFROTE.

Silence, conscrit, tu barbottes!

BERLINGOT *(saluant.)*

Caporal, excusez… excusez, caporal…

BEAUPOIL.

Allons, voyons, contez-nous ça, sergent!

TOUS.

Oui, oui, contez-nous ça…

BRULARD.

Ma foi! puisque vous y tenez, et que nous avons encore quelques heures de trêve, je le veux bien.

NULSIFROTE.

Silence! écoutons! *(Ils s'asseyent tous.)*

BRULARD.

C'était une bien triste époque, camarades, que celle où notre pauvre France, trahie, vendue, après avoir été comme quoi on dirait la *Reine du monde*, vit tout d'un coup son soleil s'obscurcir, ses aigles tomber dans la poussière et l'étranger foulant son sol sacré venir s'asseoir en maître à ses foyers. C'était donc en 1815. Triste et abattu, souffrant d'une balle dans la jambe et d'un grand coup de sabre au travers du front, après Waterloo, je m'en revenais clopin

clopant, cherchant de tous côtés la route de mon village...
c'était si grand alors notre France ! Diable ! on ne s'y retrouvait plus...

BERLINGOT.

Ah ! bah ! ça a donc *ben* diminué depuis....

BRULARD.

Beaucoup, mon petit... Pourtant à force de chercher, je parvins à m'orienter, et un beau soir, au coucher du soleil, la flèche d'un clocher bien connu s'offrit à mes yeux. C'était le clocher de mon village. Oh ! ce que j'éprouvai à cette vue, mes amis, je ne puis vous le dire... Emu, suffoqué, je me laissai tomber à genoux en m'écriant :

AIR : *Du Carnaval de Béranger.*

Salut ! Salut, ô mon pauvre village !
Oui, c'est bien toi que j'ai là sous les yeux !...
Ton seul aspect m'a rendu mon courage ..
Salut ! Salut, lieux où je fus heureux !
Là bas.. là bas... n'est-ce pas ma chaumière
Qui m'apparaît ?... Oui, c'est elle ! ô bonheur !
Plus de chagrin ! Enfin, ma pauvre mère,
Tu vas presser ton enfant sur ton cœur !

En effet, je la revis, la chère femme ! elle manqua mourir de joie en me serrant dans ses bras... Que nous étions heureux ! Mais le bonheur, ça ne dure jamais longtemps.. une nuit, comme tout était silence, j'entends un bruit lointain qui roule comme le tonnerre... Je cours à ma fenêtre... je regarde... les voilà ! ce n'est point un rêve ! mon Dieu ! ce sont les Cosaques !

TOUS.

Les Cosaques !

BRULARD.

Oui, sacrebleu ! les Cosaques ! l'étranger était en France. Alors je sentis tout mon sang refluer vers mon cœur... Je cours à mon fusil et saisis quelques cartouches... Ils frappaient déjà à ma porte...— Que voulez-vous, bandits ? leur criai-je, en serrant ma bonne arme dont je fis craquer la détente.— « Ce que nous voulons, répond le chef de la » bande, nous voulons ton pain, s'il est tendre, ton vin, s'il » est bon, ta femme, si elle est jolie. » — Ces paroles me font bondir ; - j'épaule mon fusil... le coup part... un Cosaque mord la terre...— Un de moins, dis-je, —et je bourrai une seconde cartouche. Je n'en eus pas le temps,... car une explosion terrible retentit, et cent balles à la fois firent voler en éclats les vitres de ma fenêtre... A ce bruit, ma mère, éveillée en sursaut, vint éperdue se jeter dans mes bras...— Ouvrez, Ouvrez, hurlaient en bas les Cosaques, en ébranlant la porte...— Ouvrir ! c'était trop tard ! ils nous eussent massacrés ! mon coup de feu nous avait perdus! Moi ! que m'importait ! mais ma mère ! La pauvre femme était tombée évanouie ! je la replaçai sur son lit... Pendant ce temps les brigands avaient mis le feu à la maison, et ils dansaient autour de la chaumière embrasée en poussant des hourras et des cris de joie...

NULSIFROTE.

Ah ! les coquins ! je les reconnais bien là !

BRULARD.

J'étais fou. Quant à ma mère, glacée d'épouvante, elle regardait sans voir... elle remuait les lèvres sans parler... c'était horrible !... Alors je pris une résolution suprême... j'enlevai ce cher trésor dans mes bras, j'ouvris la porte... et armé de mon sabre, je m'élançai tête baissée à travers les Cosaques surpris... je les culbute sur mon passage.. puis, rapide comme l'éclair, je m'enfuis vers la forêt voisine...J'avais déjà gagné du terrain, quand une volée de balles siffla autour de ma tête... Ma mère poussa un cri... elle était morte !... Oh ! ce fut alors sur ce cadavre sanglant que je jurai à l'étranger une haine implacable... Je donnai un dernier baiser à cette pauvre mère qui ne m'entendait plus.... et rebroussai chemin. Soudain, une immense colonne de feu rougit le ciel... le village brûlait. Je rassemblai quelques malheureux paysans qui fuyaient en pleurant... je leur soufflai ma haine... Tout devint armes pour nous, et nous élançant à la poursuite des Cosaques qui venaient d'abandonner nos demeures embrasées, nous en fimes une tuerie avec nos pierres, nos fourches et nos fusils...

AIR : *Du Bosquet de Laurier.*

Si l'étranger, en un jour de malheur,
A de son pied foulé le sol de France,
S'il est entré dans Paris en vainqueur,
Nous outrageant de sa folle arrogance !
Qu'y faire ? hélas ! c'est le sort des combats ;
Il est entré... camarades, n'importe !
Ce sol sacré qu'il foulait sous ses pas
Couvre aujourd'hui plus d'un de ses soldats
 Qui n'a pas pu gagner la porte. (*bis.*)

SCENE II. 15

Et voilà pourquoi on m'a surnommé *le Mangeur de Cosaques.*

TOUS.

Bravo, bravo, sergent,

BERLINGOT.

Saprelotte ! je parierais cent contre un que vous étiez un des crânes du café de la Victoire. (*Chantant.*)

Quand l'étranger ose envahir la France

(*Parlé.*) J'ai vu çà, moi ! *les Cosaques*, drame en cinq actes, plusieurs tableaux et ficelles... et dans toute cette histoire pas le plus petit brin de mariage... ça ôte beaucoup de l'intérêt, sergent.

NULSIFROTE.

Silence, conscrit; on ne parle pas ainsi devant ses supérieurs.

BERLINGOT (*saluant avec la main.*)

Je me tais, caporal... caporal, je me tais.

BRULARD.

Maintenant, mes amis, remplissons nos verres une dernière fois... et toi, Madeleine, une jolie chanson !

(*On remplit les verres.*)

TOUS.

La chanson demandée.

MADELEINE.

AIR *nouveau de M. Chaudoin.*

1er COUPLET.

Demain, soldats, c'est la bataille !
Soldats, demain, il fera chaud !
A travers boulets et mitraille,
Il faudra grimper à l'assaut !

TOUS.

A l'assaut !
A l'assaut !

MADELEINE.

Soldats de mer, soldats de terre,
Donnez-vous tous la main ;
Et tendez chacun votre verre,
En chantant ce refrain (*bis.*)
Ce gai refrain :

SEBASTOPOL.

REFRAIN.

Verse, verse, cantinière,
Du vin !
Jusqu'à la goutte dernière
Du vin !
Car le plus malin,
Oui, le plus malin
Sait-il s'il boira demain
Du vin ?

MADELEINE.

2me COUPLET.

Il faut demain de la patrie,
Au combat soutenir l'honneur !
Il faut démolir la Russie !
Soldat, il faut être vainqueur !

TOUS.

Oui, vainqueur !
Oui, vainqueur !

MADELEINE.

Soldats de mer, soldats de terre, etc.

MADELEINE.

3me COUPLET.

Sur la brèche où chacun s'élance,
Soldat, ne sois pas le dernier !
Il faut au drapeau de la France
L'honneur d'y flotter le premier.

TOUS.

Le premier !
Le premier !

MADELEINE.

Soldats de mer, soldats de terre, etc.

(*Roulement de tambour qui semble trouver un écho de tous côtés, et va en diminuant se perdre dans le lointain.*)

BRULARD.

A vos postes, les amis ! car il va y avoir de l'ouvrage.

(*Tout le monde s'éloigne en silence.*)

MARCEL (*bas à Madeleine qui suit Brulard.*)

Madeleine, je reste ici à vous attendre... il faut que je vous parle.

SCENE III.

BEAUPOIL (*à part, en les apercevant.*)

Hein ! ils en sont déjà aux cachoteries ! allons ! allons ! c'est tout juste temps ; il faut que le vieux Brulard soit averti.

(*Ils sortent tous et disparaissent de divers côtés, à l'exception de Marcel et d'un officier français qui se promène au fond.*)

SCÈNE III.

MARCEL, un OFFICIER français, au fond.

MARCEL.

O Madeleine, toi que j'ai tant aimée, se peut-il que tu sois à jamais perdue pour moi? Mon Dieu, mon Dieu ! je ne pourrai point m'habituer à cette affreuse idée ! (*Regardant la mer.*) Ah ! ils sont heureux ceux qui sont morts au champ d'honneur ! Que ce ciel est beau ! Semblable à une vaste nappe d'argent, la mer scintille sous les premiers rayons du soleil ! Au loin, cette ligne blanche qui se dessine à peine dans la brume, c'est Sébastopol. Sébastopol, cité orgueilleuse ! en vain crois-tu, abritée derrière tes remparts formidables, derrière tes milliers de canons aux gueules béantes, pouvoir jeter le défi aux étendards réunis de France et d'Angleterre ? En vain crois-tu pouvoir courber encore sous ta puissance despotique tout un peuple d'esclaves? Les esclaves se sont levés; ils ont poussé un cri d'espérance en tendant leurs fers à l'Europe. L'Europe s'est émue à ce cri ! le sol a tremblé sous les pas des bataillons. Malheur donc à toi, Sébastopol ! car la croisade qui marche contre ta tyrannie, cette croisade est juste et sainte ! c'est la cause de la civilisation contre la barbarie, celle de l'opprimé contre l'oppresseur ! Dieu et l'univers sont pour elle !

AIR : *Pour un soldat qui n'en a pas l'usage* (Michel et Christine.)

Czar, tu croyais dans ta vaine arrogance,
A la Turquie encor dicter des lois ;
Pour ton malheur l'Angleterre et la France
Des opprimés ont entendu la voix.
On va briser tes injustes entraves,
On va doucher ta folle vanité...
Car sur la terre on ne veut plus d'esclaves
A la Turquie il faut la liberté..
Oui, la Turquie aura sa liberté.

SCÈNE IV.

MARCEL, MADELEINE, puis BEAUPOIL, l'Officier français au fond.

MADELEINE (*arrivant par la droite.*)

Marcel, est-ce vous?

MARCEL.

Madeleine! enfin! Oh! venez, car demain l'assaut nous attend, la mort peu-être! et je ne veux pas mourir en vous maudissant. Madeleine, vous m'aimiez, disiez-vous naguère! Quand vous étiez jeune fille, vous m'aviez juré bien des fois que vous seriez la compagne de ma vie! Que sont devenus, Madeleine, votre amour et vos serments?

BEAUPOIL (*à part, au fond.*)

Ils y sont. Maintenant c'est l'affaire à Brulard. (*Il disparaît.*)

MADELEINE.

Vous me demandez compte de mes serments et de mon amour... Mais en avez-vous le droit, Marcel? N'est-ce pas vous qui les avez trahis?

MARCEL.

Moi! moi!

MADELEINE.

Ou qui les avez oubliés.

MARCEL.

Est-ce un rêve, une illusion? Oh! on ne peut mentir ainsi avec un front si pur, avec une voix si douce! Pardonnez-moi... Madeleine, si je vous ai méconnue.

MADELEINE.

Que voulez-vous que je vous pardonne? Moi aussi, ne suis-je pas coupable? J'ai pris votre éloignement pour de l'abandon... J'aurais dû aller à vous, et vous dire : — que vous ai-je fait, Marcel, pour me fuir? Mais, non, dans mon désespoir j'ai voulu vous oublier... Je suis allé trouver le bon Jérôme, mon vieux tuteur, et ne voulant plus aimer personne autre que lui qui m'avait toujours chérie comme un père, je lui dis que je ne le quittais plus... Il allait partir pour l'armée. je ne pouvais le suivre sans être son épouse...

Notre amour, Marcel, avait été pur... je pouvais donc sans scrupule devenir la femme du vieux soldat... je le décidai... il m'épousa... Fille de cantinière je devins alors ce qu'avait été ma mère...

MARCEL.

Oh ! mon Dieu ! mon Dieu ! Mais, alors, Madeleine, tu es toujours digne de moi... et je puis t'aimer comme autrefois... t'aimer avec idolâtrie. Qui peut nous séparer ? Ah ! ce vieux brave en cheveux blancs, aux glorieuses cicatrices, et dont l'honneur se trouve entre nous deux... Un lâche seul oserait l'insulter...

MADELEINE.

Vous êtes un noble cœur, Marcel !

MARCEL.

Hélas ! c'est un triste amour que le nôtre ! il ne peut vivre que de honte ? En vain nous révolterions-nous contre le coup qui nous frappe ? L'honneur nous ordonne de nous séparer... il faut courber la tête sous cet ordre impérieux... Adieu donc, toi que j'ai tant aimée, adieu pour la vie ! Mais au moment cruel de cette séparation, qui sera peut-être éternelle, permets que je dépose sur ton front un baiser chaste et saint, comme celui d'un frère...

SCÈNE V.

LES MÊMES, BRULARD, BEAUPOIL.

(*Beaupoil et Brulard sont entrés en silence.*)

BEAUPOIL (*montrant Marcel et Madeleine à Brulard.*)

Voyez, sergent.

MARCEL (*à Madeleine.*)

Cela nous portera bonheur.

(*Il se penche pour embrasser Madeleine, mais Brulard s'élance au milieu d'eux et repousse Marcel.*)

BRULARD (*à Marcel.*)

Arrière, misérable !

MADELEINE.

Jérôme !

MARCEL.

Lui ! *(à part.)* Le sort me réservait ce dernier coup.

BRULARD *(à Madeleine.)*

Va-t-en !

MADELEINE.

Par pitié, Jérôme, écoutez-moi ?

BRULARD

Va-t-en, te dis-je !

(*Madeleine sort par la droite.*)

SCÈNE VI.

MARCEL, BRULARD,

L'OFFICIER Français *(au fond.)*

BRULARD *(à part.)*

Maintenant que nous sommes seuls, à nous deux ! (*Haut.*) Savez-vous bien, Monsieur, que vous êtes un misérable ? Car pour insulter ainsi aux cheveux blancs d'un vieillard, il faut être un lâche, un sans cœur.

MARCEL.

Sergent...

BRULARD.

Pardieu ! vous êtes-vous dit : — voilà une bien jolie femme ! elle a pour mari un vieillard usé et flétri ; elle ne peut l'aimer ! moi, je suis jeune, j'ai des manières. . Allons ! de la galanterie ! cette femme est à moi... — Et ce que vous avez dit, vous l'avez fait, sans vous inquiéter si vous outragiez un vieux soldat qui a des cheveux blancs au front et le signe de l'honneur sur la poitrine.

MARCEL.

Sergent Brulard, écoutez-moi !

BRULARD.

Allons donc ! et pourquoi ? Voulez-vous m'adresser quelque lâche prière ? voulez-vous me débiter quelque adroit mensonge ? Vous avez un sabre à votre côté... Vite, hors du fourreau ! il faut du sang à cette tête blanche que vous

SCÈNE VII.

avez salie ! il faut une vengeance à cette croix que vous avez déshonorée !

MARCEL.

Jérôme, je ne me battrai pas.....

BRULARD.

C'est cela ; aussi lâche qu'infâme ! (*Levant la main.*) Eh bien ! je te traiterai alors comme on traite les lâches et les infâmes !

MARCEL (*lui arrêtant le bras.*)

Malheureux ! puisque vous m'y forcez, je dégaînerai,

BRULARD (*sortant son sabre du fourreau.*)
En garde donc !

MARCEL (*l'imitant.*)
En garde ! (*ils croisent le fer.*)

(*En ce moment on entend un coup de canon, puis un roulement de tambours prolongé.*)

SCÈNE VII.

BRULARD, MARCEL, l'OFFICIER français, puis NULSIFROTE, BERLINGOT, BEAUPOIL, Soldats, Marins.

L'OFFICIER (*accourant à la vue des deux champions.*)
Que vois-je ! deux hommes le sabre en main ! et ces deux hommes !.... (*les reconnaissant.*) c'est vous, Brulard ! c'est vous Marcel !... Arrêtez...

(*Deuxième coup de canon.*)

BRULARD.

Laissez-nous... laissez-nous, lieutenant... Il s'agit de mon honneur... ça ne regarde que Dieu et moi !

L'OFFICIER.

Et la patrie, sergent Brulard ! la patrie à qui votre vie appartient et qui a les yeux fixés sur ses enfants !... Bas les armes ! vous dis-je ! Ne voyez-vous pas les tours de Sébastopol qui se lèvent fières et menaçantes ?... C'est là que deux braves soldats comme vous doivent venger leur honneur en faisant assaut d'héroïsme !

(*Troisième coup de canon.*)

Entendez-vous ? le canon gronde... C'est le défi que la Russie barbare jette au monde civilisé !

TOUS.

Aux armes !

(*Plusieurs coups de canon.*)

L'OFFICIER.

AIR : *de l'Etoile tricolore.*

(*Pendant ce chant le canon ne cesse de se faire entendre.*)

Entendez-vous ? le canon gronde...
C'est le canon de l'ennemi,
Qui nous envoie à travers l'onde,
Du combat l'insolent défi.
Aux armes ! plus d'impatience !
Le sort comble notre désir.
Prouvons, fiers enfants de la France,
Que nous savons vaincre ou mourir.

CHOEUR.

Entendez-vous ? le canon gronde,
Allons montrer encore au monde
Que nous savons vaincre ou mourir.

(*Coups de canon. Cris de vive la France ! les clairons sonnent ; les tambours battent la charge ; la musique militaire joue un pas redoublé. Français, Zouaves, Anglais, Ecossais, Piémontais, Turcs, viennent par pelotons diriger leurs feux sur la Tour de Malakoff. Tous montent ensuite à l'assaut. Les Russes font une sortie, mais ils sont repoussés dans la Tour qui croule, et sur ses murs démantelés, on arbore les étendards alliés aux cris de vive la France ! On aperçoit au loin le reflet de l'incendie qui dévore Sébastopol.*)

ACTE II.

1855 VENGEANT 1812.

Même décor.
Ces deux actes doivent être joués sans baisser la toile.

SCÈNE PREMIÈRE.

BRULARD, MADELEINE, MARCEL, BEAUPOIL, NULSIFROTE, BERLINGOT, Deux sœurs de charité, Officiers et soldats Français et alliés.

(On apporte Brulard mourant; il est soutenu par les deux sœurs hospitalières.)

MARCEL *(s'agenouillant devant lui.)*

Pardon et oubli ! car dans un si beau jour, toute querelle intestine doit être oubliée sur l'autel de la patrie ! Mort ! Jérôme, notre père et notre modèle à tous ! du haut des cieux où tu es déjà, entends les prières et les vœux que tes enfants agenouillés au pied de ta couche funèbre adressent à l'éternel pour ton âme valeureuse qui ne connut jamais la peur.

AIR : *de Fanchon.*
Noble débris d'une immortelle armée,
Repose enfin, c'est assez de combats...
Va, monte aux cieux où ton âme charmée
Retrouvera tes amis, vieux soldats,
Qui, comme toi, passèrent l'existence
A soutenir l'honneur de nos drapeaux...
Dormez en paix, fiers enfants de la France,
Car vos lauriers ombragent vos tombeaux. *(bis.)*

Et maintenant, mes amis, portons à sa dernière demeure ce martyr de l'héroïsme français.

(On emporte le corps de Brulard.)

(Le canon tonne, les troupes défilent et se massent. Les tambours battent aux champs. Les généraux Français et Alliés entrent en scène suivis de leur état-major.)

SCÈNE II.

LES PRÉCÉDENTS, LE GÉNÉRAL FRANÇAIS, LES GÉNÉRAUX ANGLAIS, PIÉMONTAIS ET TURC,
Officiers et soldats Français et Alliés.

Cris des troupes :

Vive la France !
Vive l'Angleterre !
Vive le Piémont !
Vive la Turquie !
Vive la France !

LE GÉNÉRAL FRANÇAIS.

Enfants, le monde vous admire... Car vit-on jamais un plus beau spectacle ? quatre grandes nations rivales et ennemies oubliant leurs querelles politiques et religieuses pour se donner fraternellement la main et faire triompher la sainte cause de l'humanité et de la liberté ! Le Dieu de la victoire s'est souvenu qu'il était le Dieu de la France, et la victoire a été fidèle à notre drapeau. Honneur à vous, qui l'avez porté fier et haut, cet étendard, le flambeau des nations. Honneur à vous tous, enfants, vous êtes les dignes fils de vos pères... Eux aussi, ils avaient entrepris la même sainte croisade. Mais les éléments se conjurèrent pour les repousser... Les temps n'étaient pas venus. Leurs os blanchis avaient ensemencé pourtant cette terre barbare... et la terre où tomba une victime française ne devint-elle pas toujours une terre française ? Enfants, vous avez suivi le même chemin; les ossements de vos aïeux ont servi de jalons à votre gloire. Mânes des héros de la grande armée, vous tous géants d'un autre âge, tressaillez au fond de vos tombeaux, car vos fils ont ajouté une page immortelle à votre brillante épopée... Vos fils ont noblement vengé leurs pères... Sébastopol est une belle revanche de Moscou.

APOTHÉOSE.

L'HISTOIRE et L'IMMORTALITÉ.

Le rideau du fond se lève et découvre une gloire dans laquelle apparait un cénotaphe portant cette inscription ! AUX VAINQUEURS DE SÉBASTOPOL. Ce cénotaphe est ombragé par des faisceaux de drapeaux des nations alliées. Brulard est debout devant le cénotaphe, le bras appuyé sur son fusil; à droite est l'Immortalité tenant une couronne de lauriers à la main; à gauche l'Histoire écrit sur ses tablettes.

SCÈNE PREMIÈRE.

L'HISTOIRE, BRULARD, L'IMMORTALITÉ, (au fond.) NULSIFROTE, BEAUPOIL, BERLINGOT, MARCEL, MADELEINE, le GÉNÉRAL Français, les GÉNÉRAUX Anglais, Piémontais, Turc, Officiers et Soldats Français et Alliés (Sur le devant.)

BRULARD (*Se levant étonné à la vue de l'Histoire et de l'Immortalité.*)

Femmes, que voulez-vous ? Pourquoi votre présence
En ces lieux où la mort ne veut qu'ombre et silence?

L'HISTOIRE.

C'est que ce lieu, vieillard, est propre à mes travaux !
Moi, je n'écris jamais qu'à l'ombre des tombeaux !
De l'oubli, du silence implacable ennemie,
Au passé qui s'éteint d'un mot je rends la vie,
Le pénétrant partout d'une vive clarté,
J'en fais une leçon pour la postérité.

Chaque jour ajoutant une page à ce livre,
La veille qui n'est plus par moi s'en va revivre ;
Et le temps qui détruit les plus puissants travaux,
Sur ces simples feuillets a dû briser sa faulx.
C'est que la vérité s'y montre en traits de flamme,
Couronnant le héros, stigmatisant l'infâme,
Arrachant sans pitié le masque à l'imposteur,
Pour faire un piédestal au mérite, à l'honneur,
Inscrivant côte à côte et la honte et la gloire...
Je chante le passé... Vieillard, je suis l'HISTOIRE.

L'IMMORTALITÉ.

Moi, je ne chante pas... Compagne de la mort,
Avec elle je vais où m'appelle le sort,
On me voit présider aux grandes funérailles,
Sur l'affût d'un canon trôner dans les batailles,
M'asseoir sur le tombeau, soit du grand citoyen,
Du poëte, du peintre, ou de l'homme de bien...
Je tresse à tout mortel qui s'est couvert de gloire,
Une verte couronne, afin que sa mémoire
Puisse à jamais passer à la postérité !

(Déposant sa couronne sur le cénotaphe.)

Héros, vivez; je suis, moi, l'IMMORTALITÉ !

(Flammes de Bengale.)

LE GÉNÉRAL FRANÇAIS.

Et maintenant, amis, vos mains dans nos mains... et sur les murs croulants de Sébastopol, jurons-nous une alliance éternelle ! Séparés, nous avons été victorieux ; unis, nous serons invincibles ! De grandes nations comme les nôtres doivent être la balance du monde. Elevez vos étendards haut, bien haut... Ils ne sont pas seulement pour nous un signe de gloire... ils sont encore pour les serfs dont nous

SCENE II.   27

venons briser les fers un signe d'espérance... un gage d'émancipation.

Cris des Troupes.

Vive la France !
Vive l'Angleterre !
Vive le Piémont !
Vive la Turquie !
Vive la France !

(L'on agite les drapeaux ; les tambours battent aux champs ; détonations de coups de canon ; Rideau.)

FIN.

www.ingramcontent.com/pod-product-compliance
Lightning Source LLC
Chambersburg PA
CBHW060927050426
42453CB00010B/1884